Dominik Kieselbach

Meine Katze zu Hause

Inhaltsverzeichnis

Vorwort

Es ist passiert. Ein Stubentiger hat sich in Ihr Herz geschnurrt. Jetzt möchten Sie wissen, was auf Sie als Katzenhalter-Neuling zukommt. Idealerweise sollte man sich bereits vor der Anschaffung über Haltung und Pflege informieren. Aber auch wer bereits eine miauende Mitbewohnerin hat, wird sich über Unterstützung freuen. Vor allem, wenn die tierische Wohngemeinschaft noch frisch ist.

» Ihr ganzes Leben lang lieben Katzen es mit allem was sich anbietet zu spielen.

» **Auch junge Katzen können je nach Rasse alt aussehen, wie z.B. dieser erst drei Jahre alte blaucreme Perser.**

Wer sich mit dem Gedanken trägt, eine Katze anzuschaffen, ist ein tierlieber Mensch. Davon sollte man zumindest ausgehen. Aber: Ein großes Herz und der gute Wille alleine reichen nicht aus, damit Mensch und Tier glücklich miteinander leben können. Entscheidend ist, dass man die Ansprüche und Grundbedürfnisse der Katze kennt und erfüllt. Nur dann kann daraus eine lang andauernde, harmonische Beziehung werden. Wer sich völlig unvorbereitet auf das Abenteuer Katze einlässt, wird vermutlich einige Überraschungen erleben. Nicht alle sind erfreulich. Doch für die meisten Probleme, die im täglichen Zusammenleben auftauchen können, finden sich oft erstaunlich einfache Lösungen.

Unliebsame Überraschungen können Sie vermeiden, wenn Sie sich bereits im Vorfeld ausführlich über Ihre Samtpfote informieren. Lernen Sie die Bedürfnisse und Eigenarten einer Katze kennen. Wenn Sie ein Haustier möchten, daß aufs Wort hört und sich unterordnet, sollten Sie Ihren Katzenwunsch noch mal überdenken. Denn Katzen sind selbstbewusste Individualisten. Sie brauchen den Menschen, aber sie zeigen es ihm nicht oder zumindest nur selten. Die Mieze hat ihren eigenen Kopf. Ihre Selbständigkeit ist tief in ihrer Herkunft verwurzelt. Auch unsere Hauskatzen waren einst Wildtiere, vollkommen unabhängig vom Menschen. Doch vor einigen tausend Jahren begaben sie sich dann in unsere Gesellschaft. Es war ihr freier Entschluss. Sie haben sich dafür entschieden, ihr Leben mit uns zu teilen.

Ein Wildtier wird häuslich

» **Auf Bauernhöfen die beste Waffe gegen die Mäuse in der Kornkammer.**

Wie so viele andere Haus- und Nutztiere war und ist auch die Katze dem Menschen ein willkommener Helfer. Sie fängt Mäuse. Das reichliche Vorkommen von Nagern in den Kornkammern des Menschen war für einige Wildkatzen eine große Verlockung. Trotz ihrer natürlichen Scheu wagten sie sich schließlich bis in menschliche Siedlungen. Die meisten Wissenschaftler gehen davon aus, dass die Domestikation der Katze in Ägypten stattfand. Vermutlich kam es bereits vor etwa 4000 bis 6000 Jahren zu den ersten Katze-Mensch-Kontakten.

Unsere Hauskatze stammt wahrscheinlich von der Nubischen Falbkatze (*Felis libyca*) ab. Mit dieser Wildkatze können unsere Hauskatzen auch heute noch fruchtbare Nachkommen zeugen. Die afrikanischen Falbkatzen waren schlanke, elegante Tiere. Sie waren wesentlich sanftmütiger als ihre europäischen Verwandten. Kein Wunder, dass die alten Ägypter von den Samtpfoten angetan waren. Katzen waren die perfekten Hausgenossen: nützlich und hübsch anzusehen.

Die Katzenverehrung in der ägyptischen antiken Hochkultur war enorm. So wurde die Göttin Bastet auf Zeichnungen als Katze oder zumindest mit Katzenkopf dargestellt. Bastet war die Göttin der Fruchtbarkeit und der Freude. Ihr zu Ehren brachte man allerdings auch Katzenopfer. Aber so erging es nicht allen Samtpfoten. Die meisten hatten ein ausgesprochen gutes Leben. Katzenliebhaber ließen ihre verstorbenen Tiere sogar einbalsamieren und feierlich bestatten. Sie bekamen zum Teil auch Grabbeigaben wie tote Mäuse oder Milch.

Doch nicht in allen Jahrhunderten wurden Katzen geschätzt. Im Mittelalter des westlichen Europas galten sie beispielsweise als Gehilfen der Hexen und des Teufels. Ein gefährliches Image, vor allem für pechschwarze Tiere. Papst Innozenz VII macht die Dämonisierung 1484 dann offiziell. In einem Erlass befahl er die Verfolgung und Tötung der Katzen. Für die sanften Stubentiger begann eine grausame Zeit.

Erst in der Neuzeit, zu Beginn des 18. Jahrhunderts, wendete sich das Blatt. Vor allem der Adel genoss jetzt die Gesellschaft der Schmusetiger. Begehrt waren vor allem exotische Tiere, wie z. B. die türkische Angorakatze. Jetzt stand der Karriere als Haustier nichts mehr im Wege. Langsam aber sicher eroberte sich die Katze einen sicheren Platz in unserem Leben.

» **Noch heute haftet der Aberglaube an der „Schwarzen Katze“, die den Weg kreuzt.**

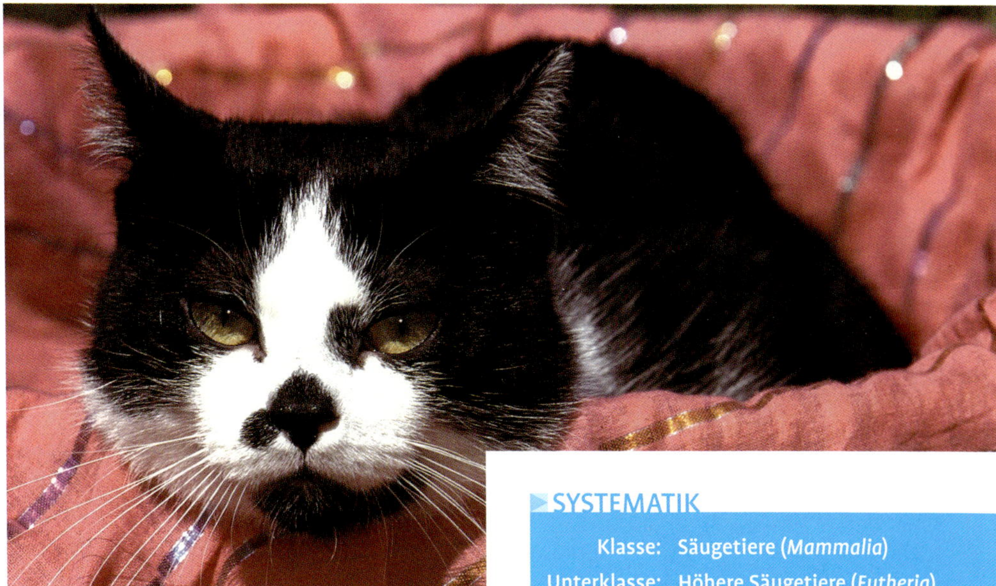

» Katzen genießen wie wir Menschen die wärmenden Sonnenstrahlen.

Schnurrende Individualisten

Auch wenn die Katze für den Menschen als Mäusejäger von Nutzen war, so wurde sie niemals domestiziert wie andere Tiere. Es gab beispielsweise keine Leistungszucht bezüglich ihrer Mäuse-Jagdleidenschaft. Auch mit Dressur und Training tun sich die unabhängigen Stubentiger schwer. Katzen haben nun mal ihren eigenen Willen. Das Zusammenleben mit uns war ihre eigene Entscheidung. Katzen haben sich ihre Unabhängigkeit bewahrt, sind aber keine Wildtiere mehr. Sie lieben die Gesellschaft des Menschen und brauchen ihn heute zum Überleben. Egal ob europäisch Kurzhaar oder Rassekatze, ihre Abstammung können sie nicht verleugnen. Sie zeigen noch heute viele Verhaltensweisen ihrer Ahnen. Der Mensch muss diese verstehen und akzeptieren. Nur dann ist ein glückliches Zusammenleben mit diesem wundervollen Tier möglich.

SYSTEMATIK

Klasse:	Säugetiere (*Mammalia*)
Unterklasse:	Höhere Säugetiere (*Eutheria*)
Ordnung:	Raubtiere (*Carnivora*)
Überfamilie:	Katzenartige (*Feloidea*)
Familie:	Echte Katzen (*Felidae*)
Gattung:	Katze (*Felis*)
Art:	Wildkatze (*Felis silvestris*)
Unterart:	Hauskatze (*Felis silvestris f.catus*)

GUT ZU WISSEN

Katzen-VIPs: Winston Churchills Katze „Jack“. Die Katze „Socks“ war lange Zeit Stubentiger im Weißen Haus unter Präsident Clinton. „Humphrey“ war für die Mäusevertilgung in der Downing Street 10 zuständig. Hier wohnt der britische Premierminister. Nach 18 Lebensjahren starb der Kater 2006. Die historische Katze „Trim“ umsegelte Ende des 18. Jahrhunderts mit Herrchen die Welt.

Überlegungen vor dem Kauf

Warum eine Katze?

Wenn Sie eine Katze in Ihr Zuhause aufnehmen, übernehmen Sie die Verantwortung für ein Lebewesen. Neben dem Spaß und den vielen schönen Stunden, die Sie miteinander verbringen werden, kommen auch neue Pflichten auf Sie zu. Einige Verhaltensweisen ihrer neuen Mitbewohnerin müssen Sie ebenso akzeptieren wie die daraus folgenden Veränderungen in Ihrem Leben. Diese Veränderungen betreffen nicht nur Ihre Wohnung, sondern auch Ihre Lebensgewohnheiten.

» Hier scheint der neue Mitbewohner bereits einen Stammplatz gefunden zu haben

Allergien

Klären Sie ab, ob Sie oder andere Mitbewohner unter einer Katzenallergie leiden. Die allergische Reaktion kann sich sowohl auf die Katzenhaare als auch auf den daran getrockneten Speichel beziehen. Wenn ja, müssen Sie auf die Gesellschaft einer Katze verzichten. Eine solche Allergie wird in den meisten Fällen nicht verschwinden, sie kann sich sogar noch verstärken. Eine vollständige Desensibilisierung durch den Arzt ist nicht möglich.

Gesegnetes Katzenalter

Die meisten Katzen können recht alt werden. Die durchschnittliche Lebenserwartung liegt zwar bei 15 Jahren, aber auch zwanzigjährige Katzen sind keine Seltenheit. Das ist auch im Leben eines Menschen eine beträchtliche Spanne. Wollen und können Sie tatsächlich die Verantwortung für die kleine Samtpfote so lange übernehmen?

Zeitfrage

Zeit ist eine weitere wichtige Voraussetzung, denn Ihre Katze möchte beschäftigt werden. Hierzu gehören neben dem täglichen Spiel auch ausgiebige Streicheleinheiten. Dieser Kontakt ist für Ihre Katze besonders wichtig, wenn Sie sie alleine halten. Mehrere Katzen reagieren im gemeinsamen Spiel ihre überschüssigen Energien ab. Planen Sie am Tag am besten mindestens zwei Stunden für Ihre Katze ein. Diese Zeit brauchen Sie für die Pflege, zum Saubermachen, für das Füttern und zum Spielen.

Ihre Katze sollte auch nicht ständig alleine sein. Wenn sie jeden Tag viele Stunden ohne einen Partner auskommen muss, sollten Sie sich besser gleich zwei Katzen zulegen. Wer häufig unterwegs ist, aber nicht auf eine Katze verzichten möchte, sollte sich nach einem verantwortungsvollen Katzensitter umsehen. Dieser muss täglich nach ihr sehen und auch Zeit mit dem Tierchen verbringen. Ganz und gar nicht gern gehen Katzen auf Reisen. Katzen sind sehr standortgebunden. Es macht ihnen mehr aus, für ein paar Tage den Ort zu wechseln, als sich auf eine neue Person einzustellen (siehe auch Pflege/Urlaubszeit).

TYPISCH KATZE

- **Sie können bis zu 20 Jahre alt werden.**
- **Sie leben nicht gerne allein, akzeptieren aber auch nicht jeden Partner.**
- **Sie lieben Streicheleinheiten.**
- **Sie unterwerfen sich nicht dem Menschen.**
- **Sie sind unabhängig.**
- **Sie brauchen auch ihre Ruhezeiten.**
- **Sie sind standortgebunden.**
- **Sie haben eine eigene Persönlichkeit, auf die man Rücksicht nehmen muss.**

Katzenkompromisse

Sind Sie bereit, sich mit einer tierischen Mitbewohnerin den Lebensraum zu teilen? Hier wird sich dann nämlich einiges verändern. An mindestens drei Dinge werden Sie sich gewöhnen müssen, wenn Sie eine Samtpfote bei sich aufnehmen: Haare, Kratzspuren und neue Gerüche. Sie lassen sich allesamt niemals vollständig vermeiden, mit den geeigneten Mitteln und einer entsprechenden Erziehung aber minimieren. Wenn Sie die Vorstellung von Katzenhaaren in Ihrer Wohnung, an Möbeln, Kleidern und in Ihrem Bett nicht ertragen können, dann können Sie auch nicht mit einer Katze zusammenleben. Auch wenn Sie Kratzspuren, selbst in Maßen, an Ihren Tapeten und Möbeln nicht tolerieren können, scheidet eine Katze als Haustier aus.

Kosten

Die Katzenanschaffung und -haltung kostet Geld. Für eine Rassekatze zahlen sie etwa 500,00 Euro, für andere Katzen wird in aller Regel nur eine geringe Schutzgebühr verlangt. Die Grundausstattung müssen Sie mit circa 200 Euro veranschlagen. Die laufenden Kosten für Futter, Streu und Spielzeug summieren sich auf etwa 50 bis 80 Euro monatlich. Hinzu kommen feste Tierarztkosten für die jährlichen Impfungen, die Grunduntersuchung und die etwa halbjährlichen Entwurmungen. Die Arztausgaben können in Fällen einer schweren oder chronischen Krankheit durchaus erheblich sein.

Kinder und Katzen

Katzen sind einfach niedlich. Kinder möchten sie herzen und knuddeln. Und genau das kann zu einem Problem werden. Die süßen Tierchen sind keine kuscheligen Stofftiere, sondern lebendige und sensible Lebewesen. Katzen, wie übrigens alle Tiere, sind kein Spielzeug und gehören nur in die Hände von verantwortungsvollen Kindern. Dann kann eine Samtpfote eine ideale Gefährtin sein.

Wichtig: Die Eltern müssen ihrem Nachwuchs eindringlich klar machen, was sie im Umgang mit der Katze dürfen und was nicht. Kleinkinder sollten nicht unbedingt alleine mit dem Kätzchen bleiben. Sie sind oft unbewusst grob zu Tieren – und das lassen sich die meisten Stubentiger nicht unbedingt gefallen. Klären Sie Ihr Kind darüber auf, dass die Katze auch Ruhephasen benötigt, und dass man ihr das Schmusen nicht aufzwingen kann.

» Früh aneinander gewöhnt können sich zwischen Hund und Katze Freundschaften ergeben.

Zusammenleben mit anderen Haustieren

Die sprichwörtliche Feindschaft zwischen Hund und Katze muss nicht sein. Ideal ist es, wenn es sich um Jungtiere handelt. Wachsen sie miteinander auf, können sie auch die unterschiedlichen Verhaltensmuster des „Partners" richtig einschätzen. Haben Sie einen erwachsenen, katzentauglichen Hund, sollte ein kleines Kätzchen kein Problem sein. Haben Sie eine hundeuntaugliche Katze, ist ein Welpe etwas schwierig, ein älterer Hund aber oft problematisch. Hier ist Geduld gefragt. Hund und Katze müssen sich erst mal kennen lernen. Und das kann dauern.

Mit anderen Haustieren tun sich einige Katzen schwer. Die Stubentiger sind nun mal Jäger. Das liegt ihnen im Blut. Haben Sie noch Kleintiere im Haus, wie Mäuse, Ratten, Meerschweinchen, Zwergkaninchen oder Vögel, müssen Sie unbedingt vorsichtig sein. Die kleinen Gesellen können den Jagdinstinkt der Katze wecken. Wenn Sie keine ausgesprochene friedvolle Mieze haben, sollten Sie die unterschiedlichen Haustiere getrennt voneinander halten.

FRAGEN VOR DEM KAUF

- Hat ein Haushaltsmitglied eine Allergie gegen Katzenhaare?
- Haben Sie täglich Zeit für Pflege, Spiel und Streicheleinheiten?
- Wollen und können Sie das Geld für Zubehör, Futter und Tierarztbesuche aufbringen?
- Muss die Katze niemals lange alleine bleiben?
- Ist das Zusammenleben mit eventuell schon vorhandenen Haustieren unproblematisch?
- Tolerieren Sie Katzenhaare und neue Gerüche in Ihrer Wohnung?
- Machen Ihnen Kratzspuren an Möbeln und Wänden nichts aus?

» Auch wenn sie ihre Lieblinge noch so süß anschauen eignen sich manche Dekogegenstände nicht als dauerhafte Tummel- oder Spielplätze.

VORBEREITUNGEN

≫ Hier wurde ein genialer Aussichtsplatz gefunden. Die nächste Beute scheint schon in Sichtweite zu sein.

Nach reiflicher Überlegung sagen Sie „ja" zur Katze? Prima, dann geht es als nächstes an die Vorbereitungen. Denn noch ist Ihre Wohnung sicher nicht katzengerecht. Bevor Sie Ihre Katze nach Hause holen, müssen Sie dort einige Vorbereitungen für den Einzug Ihrer neuen Mitbewohnerin treffen. Hierzu gehören der Einkauf der Grundausstattung und der katzengerechte Umbau der Zimmer. Gegebenenfalls sorgen Sie auch für Katzensicherheit auf Ihrem Grundstück.

Die Grundausstattung

Wie viel Sie für die Grundausstattung ausgeben, entscheiden Sie selbstverständlich selbst. Doch sollten Sie gerade hier nicht am falschen Ende sparen. Schnell zahlen Sie sonst drauf wenn sich die gekauften Gegenstände als ungeeignet oder kurzlebig herausstellen. So können schnell einige hundert Euro beim Einkauf zusammenkommen. Im Fachhandel werden Sie jedoch keine Probleme haben, die gewünschten Artikel in entsprechender Qualität zu erwerben.

» Katzen mögen es mal hart und mal kuschelig. Ein Katzenkörbchen mit einer Decke gehört auf jeden Fall zur Grundausstattung. Im Fachhandel finden Sie diese in verschiedenen Größen und Designs.

CHECKLISTE GRUNDAUSSTATTUNG

- Wassernapf
- je ein Fressnapf für Feucht- und Trockenfutter
- Katzentoilette und Streu
- Kratzbaum
- Körbchen und Decken
- stabile Transportbox
- Futter und Leckerbissen
- sanfte Reinigungsmittel
- Halsband mit Adressanhänger
- Kamm und Bürste für die Fellpflege
- katzensicheres Spielzeug

GUT ZU WISSEN

Gebrauchtes Zubehör: Kaufen Sie gebrauchte Katzenartikel. Diese werden häufig in Zeitungen oder Internet angeboten. Ob Spielzeug, Kuschelhöhle oder Katzenklo - reinigen Sie Ihre Schnäppchen gründlich, bevor Sie sie Ihrem tierischen Liebling präsentieren. So vermeiden Sie die Übertragung von Parasiten und Krankheitserregern.

Schlafen und Entspannen

Katzen suchen sich ihren Lieblingsplatz häufig selbst aus. Schnell ist dies der Sessel, die Couch oder auch das Bett. Doch eigentlich sollte auch eine Katze ihren festen eigenen Schlafplatz bekommen – in ihrem Körbchen. Wählen Sie dafür einen Ort aus, an dem sie ihre Ruhe hat, aber das Geschehen immer noch bestens überblicken kann. Einen Schlafplatz im völligen Abseits wird sie ebenso wenig akzeptieren wie einen, an dem ständiger Rummel herrscht. Liegt die Samtpfote in ihrem Domizil, darf sie absolute Ruhe erwarten. Geben Sie ihr das Gefühl, dass sie hier völlig ungestört ist.

Der typische Katzenkorb ist meist geflochten oder aus Plastik. Um ihn für Ihre Katze so gemütlich wie möglich zu gestalten, legen Sie ein paar bequeme Decken und Kissen hinein. Diese sollten waschmaschinenfest sein, auch bei hohen Temperaturen.

Während des Tages machen Katzen häufiger ein Päuschen. Dabei schlafen sie nicht immer. Sie lieben es, die Umgebung zu beobachten und suchen gerne etwas höher gelegene Plätze auf, z. B. Schränke oder Regale. Legen Sie dort kleine Decken oder Kissen aus, das ist für das Tier bequemer und schützt Ihre Möbel vor Schmutz.

Alternativ können Sie Ihrem Hauspuma auch einen Katzenbaum mit Schlafhöhlen anbieten. Aber Ihre Katze wird sich Ihren Lieblingsplatz sicher selbst aussuchen. So lassen einige ein super Katzenhaus links liegen und kuscheln sich stattdessen in einen alten Pappkarton. Katzen sind nun mal unberechenbar.

» Diese Ragdoll scheint in dem Waschbecken wohl einen neuen Lieblingsplatz gefunden zu haben.

Reise und Transport

Für den Transport der Katze, auch für den Weg zu Ihnen nach Hause, brauchen Sie eine stabile Box. Am besten wählen Sie ein Modell mit einer großen Öffnung. Plastikboxen sind wesentlich praktischer als geflochtene Körbchen, in denen sich die Katze wunderbar festkrallen und kaum mehr gegen ihren Willen herausgenommen werden kann.

Katzentoilette und Katzenstreu

Grundsätzlich können Sie sich zwischen zwei Typen von Katzentoiletten entscheiden: der offenen und der geschlossenen. Der offene Typ, eine einfache Wanne mit etwas höherem Rand, genügt den meisten Katzen und ist in der Regel etwas preisgünstiger.

» Gute Transportboxen eignen sich auch für den Transport im Flugzeug. Sollten Sie Ihr Tier mit ins Ausland nehmen wollen, achten sie unbedingt auf die Qualität und Ausstattung der Transportbox.

» Katzentoiletten gibt es in offener und geschlossener Form. Hat Ihr „Schmusetiger" oft Auslauf, wird er sein Geschäft meist im Freien verrichten.

Der geschlossene Typ, teils mit Klapptür, bietet jedoch einige Vorteile. Er ist weniger geruchsintensiv, und es fliegt kaum Streu aus der Toilette. Manche Katzen bevorzugen diesen Toilettentyp, da sie ihr Geschäft hier vollkommen ungestört verrichten können. In diesem Sinne sollte auch der Aufstellplatz der Toilette gewählt werden: Ein ruhiger Platz in der Wohnung, an dem entstehende Gerüche ebenso wenig stören wie daneben gefallene Streu. Geeignete Plätze sind der Flur, das Badezimmer, im Einfamilienhaus auch das Treppenhaus. Sollte sich kein wirklich ruhiger Platz finden, kaufen Sie am besten gleich eine geschlossene Katzentoilette.

Am einfachsten zu handhaben ist Klumpstreu. Diese Streu bildet um Urin und Kot feste Klumpen, die mit einer Schaufel einfach entfernt werden können (täglich!). Die Katzenstreu sollte weitestgehend geruchsbindend sein. Eine komplette Reinigung steht somit nur einmal monatlich an. Relativ neu am Markt sind Bio-Klump-Streus, die komplett biologisch abbaubar sind und somit in der Bio-Tonne entsorgt werden können.

GUT ZU WISSEN

Nicht abbaubare Katzenstreu darf nicht in die Toilette geschüttet werden, sie gehört in die graue Restmülltonne.

Kratzbaum und Co.

Sie werden es schnell selbst beobachten, nach dem Ruhen rekelt und streckt sich Ihre Katze. Dazu gehört in der Regel auch das Wetzen der Krallen. Der beste Ort für den Kratzbaum ist demnach in unmittelbarer Nähe des Schlafplatzes oder der bevorzugten Ruheplätze.

Katzen müssen ihre Krallen wetzen, dieses natürliche Verhalten kann und darf ihnen nicht abgewöhnt werden. Das Tier muss nur lernen, wo es kratzen darf. Ideal ist hierfür der Kratzbaum. Ihn gibt es in den verschiedensten Ausführungen und Preiskategorien. Achten Sie in jedem Fall auf seine Standfestigkeit. Der Stamm sollte fest mit einer Sisal-Kordel umwickelt sein. Verzweigungen, erhöhte Plattformen oder Höhlen machen den Kratzbaum interessanter, müssen aber nicht unbedingt sein.

Neben den Kratzbäumen gibt es auch Kratzbretter oder -rollen. Beide sollten ebenfalls mit einer Sisal-Kordel bespannt sein. Kratzbretter lassen sich an der Wand anbringen. Vorzugsweise dort, wo Ihr Katze besonders gerne kratzt. Kratzrollen sind zudem ein interessantes Spielzeug.

Viele Kratzbäume bieten außer der Möglichkeit zur Krallenpflege noch Klettermöglichkeiten und erhöhte Aussichtsplätze.

Die tägliche Fellpflege ist vor allem bei Perserkatzen sehr wichtig. Oftmals muss der Mensch hier mithelfen um der Verfilzung vorzubeugen. »

Futter- und Wassernäpfe

Die Näpfe müssen vor allem rutschfest, kippsicher und hygienisch zu reinigen sein. Am besten geeignet sind Näpfe aus Steingut, Keramik oder Edelstahl. Sie brauchen für Ihre Katze mindestens drei Näpfe, jeweils einen für Feucht- und Trockenfutter und einen Trinknapf. Kombinäpfe sind nicht zu empfehlen, da das Trinkwasser schnell durch hinein gefallenes Futter verunreinigt wird.

JEDEM DAS SEINE

Sollten Sie gleich mehrere Katzen bei sich aufnehmen, muss jede Katze ihren eigenen Schlafplatz, ihre eigene Toilette und ihre eigenen Fress- und Trinknäpfe bekommen. Ebenso sollten Sie für genügend Spielzeug sorgen.

Bürsten und Kämmen

Je nachdem wie lang und pflegeintensiv das Haar Ihrer Katze ist, brauchen Sie unterschiedliche Kämme und Bürsten. Für das lange Haar einer Perser benötigen Sie zumindest einen weit- und einen engzahnigen Kamm sowie eine Bürste. Für semilanghaarige Katzen genügen meist ein Kamm und eine Bürste. Das Fell kurzhaariger Katzen können Sie bestens mit einer Bürste pflegen.

Spiel und Spannung

Katzen tragen nach wie vor den Jagdinstinkt in sich. Diese Energie müssen sie im Spiel herauslassen können, sonst werden ihre Verhaltensweisen schnell destruktiv. Sie werden beobachten, dass sich Ihre Katze durchaus mit sich oder dem ihr angebotenen Spielzeug eine Weile selbst beschäftigen kann. Doch das ist niemals ein Ersatz für das gemeinsame Spiel mit Ihnen oder anderen Katzen - zumindest nicht auf Dauer.

Der Fachhandel bietet eine Fülle von Spielsachen an. Dazu gehören die Klassiker Fellmaus und Ball an der Schnur genauso wie inzwischen diverse motorbetriebene Jagdobjekte. Einige Stubentiger lieben auch Rascheltunnel oder -säcke.

Achten Sie beim Kauf immer auf die Katzensicherheit der Spielsachen: Diese dürfen keine spitzen oder scharfen Stellen haben, ebenso wenig Kleinteile, die sich schnell lösen.

ERFOLGSTIPP

Miezen lieben Katzenminze. Füllen Sie ein Stoffsäckchen damit, und Sie machen Ihre Katze glücklich.

Katzengerechtes Zuhause

Nachdem Sie die Grundausstattung sorgfältig ausgewählt haben, müssen Sie in der Wohnung die geeigneten Plätze für Körbchen, Kratzbaum und Katzentoilette finden. Die Standorte sind entscheidend für die Akzeptanz des neuen Heims. Ansonsten sucht sich das Tierchen seine eigene Toilette oder den eigenen Kratzbaum.

Machen Sie Ihre Wohnung katzensicher. Bevor Ihre Katze zu Ihnen kommt, müssen Sie nicht nur neue Dinge für sie anschaffen, sondern Ihre bisherige Einrichtung auch auf Katzensicherheit überprüfen. Gefahren, die für Sie eine Selbstverständlichkeit sind, hat Ihre Katze bestimmt noch nie gesehen und als solche wahrgenommen. Woher soll sie auch wissen, wie gefährlich eine heiße Herdplatte sein kann, dass Kippfenster eine tödliche Falle sind oder welche Pflanze giftig ist. In der Wohnung lauern viele Gefahren auf Ihr neues Haustier:

Ein typischer Kratzbaum hat in der Regel mehrere Etagen und ein Kratzbrett. Ob groß oder klein, für jedes Raumangebot findet sich ein passendes Modell.

Fenster

Hier kommt es immer wieder zu schrecklichen Todesfällen, wenn Katzen mit dem Kopf zwischen Fenster und Rahmen eines Kippfensters stecken bleiben. Dabei ist die Vorsorge so einfach: Im Handel gibt es spezielle Sicherungen, die den tödlichen Spalt zuverlässig schließen. Aber nicht nur Kippfenster sind eine Gefahr. Jedes offene Fenster in einem höheren Stockwerk kann schreckliche Folgen haben. Es kommt immer wieder vor, dass neugierige Tiere das als Einladung zur Entdeckungstour verstehen - und abstürzen. Sie können geöffnete Fenster leicht mit im Handel erhältlichen Netzen absichern.

» Katzenpensionen haben meist auch ein katzensicheres Spielzimmer in welchem sich die Tiere nach Herzenslust austoben können.

Balkon

Auch der Balkon kann mit speziellen Netzen abgesichert werden. Stürze aus höheren Stockwerken können für Katzen tödlich enden. Wenn Sie keinen Freigänger haben, sollten Sie den Balkon so absichern, dass Ihr Liebling nicht entwischen kann. Viele Katzen fallen bei solchen Ausflügen dem Straßenverkehr zum Opfer.

Gefährliche Einrichtung

Katzen turnen und springen gerne auf Möbeln herum. Inwieweit Sie dies akzeptieren, ist Ihre Entscheidung. In jedem Fall achten Sie darauf, dass der Katze bei ihren Erkundungen keine Gefahr von umkippenden oder herunter fallenden Gegenständen droht. Hierzu gehören unter anderem wackelige Einrichtungsgegenstände wie z. B. Vasen oder Kerzenständer sowie spitze Gegenstände (auch der offene Nähkasten). Natürlich gehören auch wertvolle Dinge nicht in Katzenreichweite.

Herd

Der Elektroherd kann für Ihre Katze besonders gefährlich werden. Denn er speichert die Hitze noch lange in den Platten. Achten Sie daher darauf, dass das Tier während und nach dem Kochen den heißen Platten nicht zu nahe kommt.

Pflanzen, Chemikalien und Medikamente

In Ihrer Wohnung befinden sich mehr giftige Stoffe, als Ihnen bewusst ist. Schließen Sie alle Medikamente und Reinigungsmittel sorgfältig weg! Kontrollieren Sie, ob sich unter Ihren Zimmerpflanzen oder Schnittblumen giftige Exemplare befinden.

BESONDERE GEFAHREN IM GARTEN

- Besondere Gefahren im Garten
- Ausbruchmöglichkeiten (gilt nicht für Freigänger)
- giftige Pflanzen
- giftige Stoffe wie Dünger, Unkraut- und Schädlingsbekämpfungsmittel
- gefährliche Katzenspielplätze wie z. B. der Werkzeugschuppen

Essen & Trinken

Noch bevor Ihre neue Mitbewohnerin bei Ihnen einzieht, müssen Sie sich über die Ernährung Gedanken machen. Fragen Sie den Vorbesitzer bzw. Züchter nach den bisherigen Fressgewohnheiten. Zumindest während der ersten Zeit sollten Sie diesen Empfehlungen folgen und danach, wenn gewünscht, das Futter langsam umstellen.
Das gelegentliche Verfüttern kleiner Leckereien ist in Ordnung, so lange man es nicht übertreibt. Der Handel bietet die verschiedensten Produkte an – und jede Katze hat ihre Vorlieben (siehe auch Ernährung).

» In einem gut sortierten Zoogeschäft bekommen Sie alles Nötige zur artgerechten Katzenhaltung.

Der Fressplatz

Der beliebteste Platz für die Futternäpfe ist die Küche. Diese sind meist gefliest, so kann herausgefallenes Fressen einfach beseitigt werden. Futter- und Trinknapf sollten allerdings nicht nebeneinander stehen. So vermeiden Sie die schnelle Verunreinigung des Wassers durch Essensreste.

GUT ZU WISSEN

Wenn Sie mehrere Katzen halten, müssen Sie darauf achten, dass jedes Tier seinen eigenen Fressnapf hat. Diese können Sie nebeneinander stellen. Fressstress ist eher die Ausnahme. Katzen sind selten futterneidisch.

Auswahl der Katze

Sie haben sich Ihre Entscheidung bestimmt nicht leicht gemacht. Sorgfältig haben Sie Spaß und Pflichten abgewogen und sichergestellt, dass Sie einer Katze ein gutes Zuhause bieten können. Vielleicht haben Sie sogar schon ein Bild „Ihrer" Katze im Kopf. Entscheiden Sie sich für eine Hauskatze oder ein Rassekatze? Soll es eine mit kurzem, halblangem oder langem Fell sein? Halten Sie das Tier in der Wohnung, oder sollte es ein Freigänger sein? Wissen Sie schon, woher Sie Ihre Katze bekommen? In jedem Fall ist die Anschaffung Vertrauenssache. Egal, ob Sie beim Züchter viel Geld für eine Rassekatze zahlen oder nur ein paar Euro Schutzgebühr an den Nachbarn entrichten. Schließlich wollen Sie eine gesunde Katze erwerben. Und somit sind wir schon bei einer wichtigen Frage: Woher bekomme ich ein gesundes Tier?

Bekanntenkreis

Junge Katzen sind keine Mangelware. Hören Sie sich in Ihrem Bekanntenkreis einmal um. Vielleicht gibt es einen Katzenwurf ganz in der Nähe. Sofern es sich nicht um einen Züchter handelt, entstehen Zufallswürfe aufgrund eines „Unfalls". Der Verkäufer wird in der Regel nicht mehr als seine eigenen Ausgaben einfordern. Er ist wahrscheinlich nur froh, dass die Kleinen in gute Hände kommen.

Kleinanzeige

Häufig werden Katzen über Inserate in Zeitungen oder im Internet sowie per Anschlag in Geschäften oder Tierarztpraxen vermittelt. Wenn Sie nicht wissen, welchen Ruf der Verkäufer hat, sollten Sie ihn und seine Katzen besonders gut unter die Lupe nehmen. Schwarze Schafe gibt es leider auch unter den Züchtern.

» So süß junge Katzen sind, bedenken Sie bitte, dass sie nicht so klein bleiben. Die Haltung mehrerer Tiere fordert von Ihnen als Katzenhalter auch viel Verantwortungsbewusstsein.

Neben Kätzchen, die wegen eines Zufallswurfs abgegeben werden müssen, hat sich ein florierendes Geschäft für Katzenvermehrer entwickelt. Diese spielen ihre Unprofessionalität nur vor, in Wirklichkeit vermehren sie Katzen massenhaft in tierquälerischer Weise. Aber natürlich können Sie auch über Inserate gesunde, glückliche Kätzchen finden. Auch Rassekatzen werden über Inserate angeboten. Klären Sie im Vorfeld, in welchem Verein der Züchter organisiert ist, damit Sie nicht auf einen raffinierten „Etikettenschwindel" hereinfallen.

Züchter

Wenn Sie sich für eine Rassekatze entscheiden, sollten Sie diese unbedingt vom Züchter eines anerkannten und angesehenen Verbands erwerben. Die Preise für eine Rassekatze können teils recht erheblich sein, meist mehrere hundert Euro. Ein schriftlicher Kaufvertrag ist bei jedem Katzenkauf Pflicht, bei einer teuren Rassekatze jedoch besonders wichtig. Vertragsrechtlich ist ein Tier immer noch eine Sache, somit gelten die üblichen Gewährleistungspflichten des Verkäufers.

» **Beobachten Sie die Tiere genau, um etwaige Verhaltensfehler frühzeitig zu erkennen.**

Tierheim

In Tierheimen warten viele verlassene Tiere auf eine zweite Chance. Wer ein junges Kätzchen sucht, wird hier nur selten Glück haben - aber es ist möglich. Beschränken Sie sich bei Ihrer Suche nicht nur auf ein Tierasyl. Fragen Sie immer mal wieder nach, und hinterlassen Sie Ihre Rufnummer, damit man Sie über entsprechende Eingänge sofort informieren kann.

Wenn Sie gerne ein älteres Tier haben möchten und Ihnen die Abstammung egal ist, ist das Tierheim die ideale Anlaufstelle. Eine Heimkatze freut sich ganz besonders über ein neues, liebevolles Zuhause. Nehmen Sie sich Zeit, und suchen Sie sich ein Tier aus, das zu Ihnen passt. Sie kennen die Vorgeschichte der Katze zwar nicht, doch die Pfleger können Sie über Verhalten, Charakter und Krankheiten informieren. Weiterer Vorteil: Die meisten Tiere sind bereits kastriert und häufig auch gechipt.

Das ist wichtig

Die Katzen dürfen nicht zu jung sein. Das heißt, sie müssen mindestens zwölf Wochen bei der Mutter bleiben. Sie sollten die ersten Impfungen und eine Wurmkur bereits erhalten haben. Vertrauen zum Züchter ist wichtig, dennoch sollten Sie seine Aussagen überprüfen. Anhand des Impfpasses ist dies recht einfach, denn hier muss der Arzt die verabreichten Impfungen angeben.

GESUNDHEITSCHECKLISTE

Auch wenn Sie kein Tierarzt sind, können Sie den Gesundheitszustand der Katze überprüfen:

- Die Augen müssen lebhaft, klar und frei von Ausfluss sein.
- Die eher trockene Nase darf ebenfalls keinen Ausfluss zeigen.
- Das Fell ist nicht struppig, sondern sauber und glänzend. Es finden sich keine kahlen oder verkrusteten Stellen.
- Ohren und der äußere Gehörgang sind sauber und riechen nicht unangenehm.
- Das Kätzchen macht einen rundum gut genährten Eindruck. Der Bauch ist fest aber nicht aufgebläht. Die Rippen lassen sich bei leichtem Druck erfühlen, treten aber nicht sichtbar hervor.
- Das Verhalten ist neugierig und interessiert, die Katze ist weder auffallend scheu noch unangenehm aggressiv.

Bedingungen am Zuchtort

Der gesundheitliche Zustand der Katzenjungen ist nur einer der Punkte, den Sie überprüfen müssen. Wichtig ist auch die körperliche Verfassung der Mutter. Die Katzenmama sollte mit ihren Jungen zusammenleben. Ebenso müssen die Katzen von klein auf permanenten Kontakt zu Menschen haben und nicht in einer abseits gelegenen Zuchtbaracke ihr Dasein fristen.
Sauberkeit ist ein weiterer wichtiger Auswahlfaktor. Schauen Sie sich das Umfeld genau an. Das Lager der Kätzin und ihrer Jungen muss ebenso sauber sein wie der Futterplatz.

Sie dürfen auch „Nein" sagen

Fühlen Sie sich keinesfalls genötigt, ein Kätzchen mitzunehmen. Auch wenn Ihnen der Kontakt von einem Bekannten vermittelt wurde, der Züchter mit seinen Auszeichnungen prahlt oder Sie dem Tierheim bzw. einer privaten Auffangstation helfen wollen. Es gibt leider immer wieder schwarze Schafe. Ein Mitleidskauf finanziert letztendlich die tierquälerischen Machenschaften des Verkäufers. Wenn Sie sich mit der Kaufentscheidung unwohl fühlen, lassen Sie es bleiben! Es gibt genügend seriöse Züchter, und es gibt genügend gesunde Katzen auf dieser Welt.

» Achten Sie auf die Haltung der Katzen beim Züchter - gibt es außer den jungen Kätzchen auch ältere Tiere, die ihren Lebensabend in Würde und guter Pflege beim Züchter verleben.

» Im Welpenalter ist enger Kontakt und Wärme für die Kleinen sehr wichtig – egal mit und von wem!

Besser zweisam statt einsam

Wenn Ihre Katze häufig alleine sein muss, kaufen Sie am besten gleich zwei. Das gilt vor allem für reine Wohnungskatzen. Diese unterhalten sich dann bei Ihrer Abwesenheit gegenseitig. Zwei junge Katzen aus dem gleichen Wurf verstehen sich meist bestens. Schwieriger wird es, je älter die Katze ist. Zwei ausgewachsene Katzen an einander zu gewöhnen, kann sehr zeitintensiv und anstrengend sein.

Freigänger oder Wohnungskatze?

Wie Sie Ihre Katze halten, hängt auch von dem Alter des Tieres ab. Eine ältere Katze, die es gewohnt ist in der Natur umherzustreifen, können sie nicht plötzlich ins Haus sperren. Umgekehrt findet sich eine ältere Wohnungskatze draußen nicht zurecht. Gefahren, wie zum Beispiel Autos, sind ihr unbekannt. Wer sich ein junges Kätzchen zulegt, hat die Wahl. Die Entscheidung ist gar nicht so leicht.

Freies Herumtoben ist sicher artgerecht. Doch wer in einer verkehrsreichen Umgebung lebt, muss damit rechnen, dass das Tier überfahren wird. Auch besteht das Risiko, dass die Katze mitgenommen wird. Bei Rassekatzen ist die Gefahr besonders groß. Wer viel unterwegs ist, nur eine Katze hält und in einem ruhigen Umfeld wohnt, sollte seiner Samtpfote das Freilaufen ermöglichen. So hat das Tier Beschäftigung. Die Entscheidung, Freigänger oder Wohnungskatze, können wir Ihnen nicht abnehmen.

» Neugierde ist eine der Charakterzüge der Katze. Alles wird untersucht und ausgekundschaftet.

Katze oder Kater?

Wenn Sie mit Ihrer Katze nicht züchten wollen, stellt sich diese Frage kaum. In der Regel lässt man seine Hauskatze, egal ob männlich oder weiblich, kastrieren! Die typischen Verhaltensunterschiede treten dann nicht an den Tag. Falls Sie Ihr Tier nicht kastrieren lassen, können unter Umständen ein paar unangenehme Überraschungen auftreten.

Unkastrierte Kater markieren gern ihr Revier mit übelriechendem Urin. Das kann auch in Ihrem Schlafzimmer oder Vorgarten sein. Außerdem gibt es häufiger Streitigkeiten mit anderen „Kerlen". Das gilt vor allem für Freigänger. Solche Katerkämpfe sind nicht immer ohne. Allerdings gibt es auch streitbare Eunuchen. Wer eine unkastrierte Freigängerin hat, muss sich über baldigen Nachwuchs nicht wundern.

Aber auch in der Wohnung kann es Probleme geben. Mit etwa dem ersten Lebensjahr werden die Kätzinnen geschlechtsreif. Ab dann werden sie drei bis vier Mal im Jahr rollig (brünstig). Das Tierchen schreit dabei gotterbärmlich, rollt sich auf dem Boden und frisst nichts oder nur schlecht. Sie erhebt das Hinterteil mit weggeknicktem Schwanz und miaut markdurchdringend. Das soll den Kater anlocken. Für den Menschen ist das jedoch wenig anziehend. Die Rolligkeit kann fünf, aber auch 14 Tage andauern.

Unter Umständen kommt die ungedeckte Katze nach ein paar Wochen wieder in die Brunst. Eine Dauerrolligkeit wäre die Folge. Tun Sie sich das weder selbst noch Ihrem Tier an. Wichtig: Die Kätzin muss kastriert werden. Eine Sterilisation bei der nur die Eileiter durchtrennt werden, reicht nicht. So kann das Weibchen zwar nicht trächtig, sehr wohl aber rollig werden, denn die Hormonproduktion wird von der Sterilisation nicht beeinflusst.

≫ Wie hübsch wohl der Nachwuchs dieser prächtigen Katzen ausfallen würde?

Der Klassiker

Die Hauskatze ist eigentlich keine Rasse. Aber sie ist sicher am häufigsten in Wohnzimmern, Hinterhöfen und Vorgärten vertreten. Häufig sind Sie kurzhaarig. Längeres Fell haben Sie nur, wenn eine Rassekatze „mitgemischt" hat. Das kurze Fell ist dicht, glänzend und pflegeleicht. Es bietet Schmutz kaum Halt. Es gibt unzählige Farbschläge und Muster. Die Tiere können ein-, zwei- oder mehrfarbig sein. Das Fell ist gestromt, getigert oder gescheckt. Der mittelgroße Körper hat mittellange, kräftige Beine. Die faszinierenden Augen der Hauskatze können gelb, grün, orange, braun oder blau schimmern.

INFOBOX

Die Einteilung der Rassekatzen erfolgt weltweit nicht einheitlich.
In Deutschland unterscheidet man sie nach der Felllänge in Langhaar, Semilanghaar und Kurzhaar.
Diese Einteilung ist sicher umstritten.
Außer der Felllänge lassen sich kaum Attribute finden, die auf alle Vertreter zutreffen.
Die Katzen unterscheiden sich sehr stark in Körperbau, Größe und Charakter.

Bei dieser Rassekatze handelt es sich um eine Maine Coon; man spekuliert ob sich ein Waschbär in der Ahnenreihe befindet.

Rassekatzen

Eine Rasse zeichnet sich vor allem durch ein einheitliches Äußeres aus. Auch gewisse Charakterzüge kann man als rassetypisch bezeichnen. Ein Katzenkenner kann sehr leicht bestimmen, welcher Rasse eine Katze angehört, wenn es sich denn um eine Rassekatze handelt. Zurzeit gibt es über zweihundert Rassen. Da es auf der Welt nicht nur einen Dachverband gibt, selbst innerhalb Deutschlands gibt es mehrere, sind manche Rassen nur regional anerkannt. Teils unterscheiden sie sich auch nur von ihrem Namen her.

Das lange und halblange Haar mancher Rassen ist das Produkt von Mutationen und gezielter Weiterzucht. Sehr wichtig bei einer Rassekatze ist ihre Abstammung. Der Stammbaum der Katze ist in der Ahnentafel festgehalten. Dieses vom Zuchtverein ausgestellte Dokument ist der Nachweis, dass es sich tatsächlich um eine Rassekatze handelt – und nicht um eine Katze, die der Rasse lediglich ähnelt. Zu den Langhaar-Katzen gehören bisher ausschließlich die Perser. Bekannte semilanghaarige Katzen sind die Norwegische Waldkatze, Maine Coon, Ragdoll und Heilige Birma. Zu den Kurzhaar-Katzen zählt man die Britisch Kurzhaar (u.a. Karthäuser, Silver Tabby), Europäisch Kurzhaar, Siam und Burma.

WELCHE RASSE PASST ZU MIR

Rassen für Individualisten:
Siam, Perser, Somali.

Rassen für Familien mit Kindern:
Heilige Birma, Ragdoll, Maine Coon, Britisch Kurzhaar, Europäisch Kurzhaar, Norwegische Waldkatze.

Rassen für Haushalte mit anderen Tieren:
Maine Coon, Ragdoll, Britisch Kurzhaar, Norwegische Waldkatze.

Rassen für Katzenkenner:
Abessinier, Bengal.

KATZENPERSÖNLICHKEIT

Informieren Sie sich vor der Anschaffung über rassetypische Eigenschaften! Wer beispielsweise gerne seine Ruhe hat, sollte sich keine „gesprächige“ und quirlige Siamkatze zulegen. In diesem Fall ist ein gemütlicher Perser die bessere Wahl.

Zucht und Ausstellungen

Wer mit seiner Katze züchten oder sie ausstellen will, muss auch darauf achten, dass sie dem Rassestandard entspricht. Dieser beschreibt detailliert den idealen Vertreter der Rasse. Je näher die Katze diesem Ideal kommt, desto bessere Bewertungen wird sie auch auf Ausstellungen erzielen. Gezüchtet werden dürfen nur Tiere, die auf einer Ausstellung mit einem „vorzüglich" bewertet wurden. Eine Rassekatze muss selbstverständlich dem Zuchtstandard entsprechen und entsprechende Papiere besitzen. Makellose Zuchtkatzen sind sehr teuer. Katzen, die kleine Schönheitsfehler aufweisen, werden vom Züchter als Liebhaberkatzen verkauft. Sie haben meist nur kleine Farb- oder Zeichnungsfehler und sind vom Charakter her einwandfrei.

Diese Prachtexemplare belegen bei einer internationalen Ausstellung eine Top-Platzierung.

Die Nachkommen solcher prämierten Katzen sind nicht billig.

GUT ZU WISSEN

An Ausstellungen können nicht nur Rassekatzen teilnehmen. Es gibt auch Klassen für Mischlinge.

Ernährung

» Eine Leckerei zwischendurch ist immer willkommen.

Als „Dosenöffner" sind Sie verantwortlich für eine artgerechte und gesunde Ernährung. Hat Ihr Tier ein glänzendes, dichtes Fell, haben Sie wahrscheinlich das Richtige auf die Speisekarte gesetzt. Am häufigsten kommen Fertigprodukte in den Katzennapf. Diese sollten alles enthalten, was Ihre Katze an Vitaminen und Nährstoffen benötigt.

Holen Sie das Futter einige Zeit vor dem Füttern aus dem Kühlschrank, damit es Raumtemperatur annimmt. Dann schmeckt es nicht nur besser, es ist auch magenfreundlicher. Wenn Ihre Katze es annimmt, können Sie Trocken- und Nassfutter kombinieren. Geben Sie ihr zweimal täglich als Hauptmahlzeit Dosenfutter, morgens und abends. Eine kleinere Menge Trockenfutter können Sie dem Tier permanent anbieten. Dabei immer an frisches Wasser denken!

Halten Sie sich an die Mengenangaben auf der Verpackung. In der Sommerzeit müssen Sie nicht gefressenes Nassfutter zügig entsorgen, sonst haben sie schnell unliebsamen Besuch von Würmern. Rohes Fleisch ist übrigens nicht geeignet. Es kann Krankheitserreger und Parasiten (Würmer) enthalten. Auch „Menschenessen" ist nichts für den Vierbeiner. Der Magen der Katze ist nicht auf Süßes oder Gewürztes eingestellt. Die Folge können Erbrechen und Durchfall sein. Das kann übrigens auch passieren, wenn Ihr Stubentiger zuviel Katzenleckerlis nascht.

Apropos Magendarmprobleme. Katzen vertragen keine Kuhmilch, davon bekommen sie starken Durchfall. Im Fachhandel können sie spezielle, laktosefreie „Katzenmilch" kaufen. Aber: Diese Milch ist kein Wasserersatz sondern ein Nahrungsmittel!

Neben dem Futter ist Katzengras eine wichtige Nahrungsergänzung. Dabei spielt der Nährwert kaum eine Rolle. Viel wichtiger ist, dass das faserige Gras die Haare umwickelt, welche die Katze bei ihrer eigenen Fellpflege verschluckt. Die so im Magen entstehenden Bündel lassen sich leichter herauswürgen. Sollte Ihre Samtpfote kein Katzengras mögen, gibt es Alternativen. Im Fachhandel erhält man zahlreiche Produkte, die das Ausscheiden oder Herauswürgen von Fellhaaren fördern. Eins davon sagt auch sicher Ihrem Liebling zu.

» Katzen verschlucken bei der Fellpflege viele Haare. Um diese besser ausscheiden zu können, fressen sie regelmäßig Gras. Für reine Wohnungskatzen ist Katzengras deshalb sehr wichtig.

GUT ZU WISSEN

Junge Katzen werden öfter gefüttert: Ab dem dritten Lebensmonat fünf bis sechs Mal täglich, ab dem siebten dann zwei Mahlzeiten pro Tag.

GUT ZU WISSEN

Lassen Sie Ihre Katze ungestört fressen. Auch nach dem Schlemmen braucht Ihre Samtpfote Ruhe. Gönnen Sie ihr ein ausgedehntes Verdauungspäuschen.

GUT ZU WISSEN

Geben Sie Ihrer Katze keine splitternden Knochen (z. B. von Geflügel). Hier besteht Erstickungsgefahr!

Sinnesorgane

» **Bei greller Sonne verengt sich die Pupille zu einem vertikalen Schlitz, bei wenig Licht vergrößert sie sich, bis sie die Iris nahezu ausfüllt: so nutzt sie das wenige Licht optimal.**

Sehen

Katzenaugen sind nicht nur ausgesprochen schön, sondern auch sehr scharf. Egal, ob es hell oder dunkel ist, der kleinen Jägerin entgeht nichts. Hält sie sich in einem dunkeln Raum auf oder streift nachts umher, weiten sich ihre Pupillen. So trifft mehr Licht aufs Auge und ermöglicht auch eine hervorragende Sicht in Dunkelheit.

Zusätzlich ist die Netzhaut der Tiere in der Lage, selbst kleine Lichtquellen optimal auszunutzen. Hier handelt es sich um den Prozess der Restlichtaufhellung, wobei das Licht zweimal gebrochen wird. Wird es plötzlich hell, kann die Katze ihre Pupillen von jetzt auf gleich zu engen Schlitzen verengen. Das minimiert den Lichteinfall, reicht dem Stubentiger aber immer noch, um den völligen „Durchblick" zu haben. Vervollständigt wird das außergewöhnliche Sehvermögen der Katze durch einen extrem weiten Blickwinkel. Ihre Augen sind völlig auf das Erspähen von Beute ausgerichtet.

Hören

Die Samtpfoten können nicht nur hervorragend sehen, sondern auch exzellent hören. Ihnen entgeht weder ein leises Rascheln in 20 Meter Entfernung, noch das zaghafte Piepsen eines Mäusejungen. Zum Vergleich: Die Hörgrenze des Menschen liegt etwa bei 20 000 Herz, die der Katze bei etwa 60 000 Herz. Zudem kann das empfindliche Gehör auch Töne im Ultraschallbereich empfangen, die wir nicht wahrnehmen können. Kein Wunder also, dass die kleinen HaustigerKrach oder laute Musik nicht mögen.

Gleichgewichtssinn

Katzen balancieren problemlos über schmale Bücherregale oder dünne Äste. Diese Fähigkeit verdanken sie ihrem ausgeprägten Gleichgewichtssinn. Das wiederum ist auf das Zusammenspiel mehrere Sinnesorgane angewiesen: Die Augen arbeiten mit dem sogenannten Vestibular-Organ zusammen.

Das im Innenohr liegende Vestibular-Organ ist ein Sinnesorgan, das für die Steuerung des Gleichgewichts verantwortlich ist. Gemeinsam mit den Augen erkennen sie die Lage der Katze und geben diese an das Gehirn weiter. Gleichzeitig wird die Muskelstellung gemessen. Diese Vorgänge sorgen dafür, dass die Katze beim Balancieren und Springen eine so gute Figur macht. Um das Gleichgewicht zu halten, wird zusätzlich der Schwanz wie ein Seiltänzerstab eingesetzt.

» **Mit spielerischer Leichtigkeit klettert eine Katze in meterhohen Baumkronen.**

Geruchssinn

Die Katze besitzt etwa 60 Mio. Riechzellen, der Mensch maximal 20 Mio. Das sagt eigentlich alles über den besonderen Geruchssinn aus. Neben diesen Geruchszellen nutzt die Katze auch das sogenannte Jacobsonsche Organ, auch vomeronasale Organ genannt. Damit kann sie unter anderem auch lockende Sexualduftstoffe (Pheromone) wahrnehmen.

Geschmacksinn

Geschmack- und Geruchssinn sind eng miteinander verknüpft. Ein leckerer Duft bringt die Geschmacksnerven auf Zunge und Gaumen auf Trab. Erst dadurch wird der Appetit angeregt. Kann die Katze nicht riechen, etwa aufgrund eines Schnupfens, wird sie auch keinen Hunger haben. Übrigens: Was schlecht riecht, wird auch nicht gefressen. Dieser Schutzmechanismus bewahrt das Tier davor, verdorbenes Futter zu sich zu nehmen.

Tastsinn

Dank zahlreicher Tastrezeptoren in Haaren und Pfoten, haben Katzen einen sehr guten Tastsinn. Die Tasthaare sitzen über den ganzen Körper verteilt, sind aber besonders häufig im Kopfbereich zu finden. Sie sind mit Nerven verbunden und daher sehr sensibel. Sie nehmen nicht nur Berührungen wahr, sondern auch Temperatur- und Luftdruckveränderungen.

Die Tasthaare können in einem gewissen Rahmen auch die Augen ersetzen. Im Dunklen erspüren sie damit Gegenstände, Personen oder andere Tiere. Neben Tastrezeptoren in den Haaren, gibt es auch welche in den Vorderpfoten. Diese nutzen sie für Jagd und Fressen. Auffällige Tasthaare sind die Schnurrhaare. Diese werden zusätzlich als „Rangierhilfe" eingesetzt. Die Haare sind so breit wie die Katze und zeigen ihr, ob sie durch eine Öffnung passt oder nicht. Stößt sie mit den Schnurrhaaren an, weiß das Tier, dass es für diesen Durchlass zu „dick" ist.

Pflege

Fell

Wer Katzen beobachtet, sieht, wie reinlich die Tiere sind. Sie verbringen Stunden damit, sich zu putzen. Doch damit ist der Halter nicht von der Fellpflege entbunden. Er muss in regelmäßigen Abständen das Fell nach Verfilzungen und Parasiten absuchen. Kurzhaarkatzen müssen nicht allzu häufig gebürstet werden. Einige Haustiger lieben aber die Zuwendung, dann sollte man sie ihnen auch gönnen.

Mittellanghaarkatzen müssen regelmäßig, mindestens einmal die Woche, gekämmt und gebürstet werden. Langhaarexemplare noch öfter. Wer dem nicht nachkommt, wird bald ein verfilztes Kätzchen zu Hause haben. Dann hilft oft nur noch die Schere.

Beim Kämmen wird auch die lose Unterwolle entfernt. Abgesehen vom optischen Aspekt, können Verfilzungen die Bildung von Hautekzemen begünstigen. Baden sollten Sie Ihre Samtpfote möglichst nicht. Nur wenn es sich nicht vermeiden lässt, z. B. bei Parasitenbefall oder starken Verschmutzungen, muss die Mieze ein Bad nehmen.

Das Badewasser darf nicht zu heiß sein (am Ellenbogen oder besser noch mit einem Badethermometer testen). Achten Sie darauf, dass Wasser und Shampoo nicht in Ohren und Augen gelangen. Waschen Sie die Katze mit lauwarmen Wasser und einem speziellen Katzenshampoo. Anschließen gut abtrocknen. Noch besser ist Föhnen, doch das lassen sich nicht viele Stubentiger gefallen. Bis die Katze trocken ist, darf sie nicht raus oder Zug ausgesetzt werden. Zwischendurch immer mal wieder bürsten. Danach hat sich die saubere Samtpfote dann ein besonderes Leckerli verdient.

GUT ZU WISSEN

Bei teilweisen Verschmutzungen, z. B. im Pobereich aufgrund eines Durchfalls, ist kein Vollbad nötig. Duschen Sie nur den verdreckten Bereich mit lauwarmem Wasser ab.

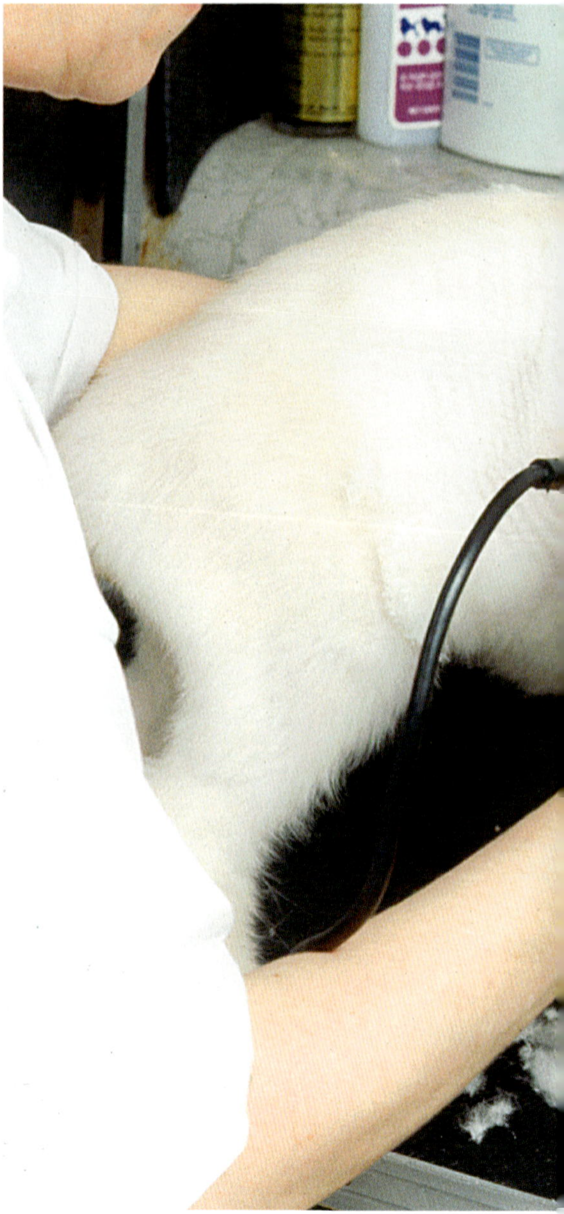

Ohren

Gegebenenfalls die Öhrchen mit einem feuchten Papiertuch reinigen. Bei hartnäckigen Verschmutzungen kann man das Tuch auch mit Babyöl tränken. Sind die Ohren stark verschmutzt, sollte der Tierarzt die Katze vorsichtshalber auf Milbenbefall untersuchen.

Krallen

Bei Freigängern nutzen sich die Krallen in der Regel gut ab. Bei Wohnungskatzen ist das jedoch nicht immer der Fall. Dann müssen Sie nachhelfen. Beim Krallenschneiden, mit einer speziellen Schere, dürfen Sie nicht den durchbluteten Teil treffen. Bei hellen Krallen ist dieser gut erkennbar, bei dunklen leider nicht. Wenn Sie unsicher sind, sollten Sie beim ersten Mal Ihren Tierarzt um Rat fragen.

Katzeninventar

Katzentoilette: Die verklumpten Ausscheidungen der Katze sollten täglich entfernt werden. Wenn Sie dem nicht nachkommen, werden Sie bald ein Problem haben. Denn das reinliche Tier wird die unsaubere Toilette meiden und sich ein anderes stilles Örtchen suchen.

Näpfe

Futtereste gleich entfernen und die Schüssel ausspülen. Im Sommer sollten Sie Fressensreste nicht zu lagen stehen lassen. Auch die Wasserschüssel sollte zwischendurch gereinigt werden. Vergessen Sie nicht, verschmutzte Schlafunterlagen zwischendurch in die Waschmaschine zu geben.

» Wenn sich eine Perserkatze auch draußen aufhält, verdreckt und verklebt das pflegeintensive Fell leicht – oft hilft es dann nur noch die Katze scheren zu lassen.

Urlaub

Ortswechsel sind für die meisten Katzen mit extremem Stress verbunden. Aber wenn Sie Ihren Stubentiger unbedingt mit in Urlaub nehmen möchten, sollten Sie darauf achten, dass das Tier keinen Zug und keine pralle Sonne abbekommt. Muten Sie Ihrer sensiblen Samtpfote keine lange Reise in brütender Hitze zu. Am besten transportieren Sie sie in einer entsprechenden Box.

Wenn es geht, sollten Sie Ihre Katze zu Hause lassen. Sorgen Sie bereits vor der Ferienreise für einen verantwortungsvollen Katzensitter. Dieser sollte das Tier regelmäßig füttern, täglich frisches Wasser geben und die Katzentoilette reinigen. Vor allem Wohnungskatzen benötigen nicht nur Pflege, sondern auch Zuwendung und Aufmerksamkeit. Die Mieze sollte täglich mit Streichel- und Spieleinheiten verwöhnt werden. Für alle Fälle sollten Sie auch die Rufnummer Ihres Tierarztes hinterlassen und natürlich auch Ihre eigene. Wenn Sie absolut niemanden finden, der auf Ihren Mini-Puma aufpasst, fragen Sie bei Katzenpensionen oder Tierheimen nach, ob dort eine vorübergehende Unterbringung möglich ist.

» **Katzen suchen sich ihre Lieblingsplätze selbst aus. Manchmal sind dies scheinbar die unmöglichsten Orte. Foto:B. Feller**

Meine gesunde Katze

Natürlich wünschen wir uns für eine gesunde und muntere Mieze, doch Krankheiten oder Verletzungen lassen sich nicht immer vermeiden. Davon sind viele behandelbar. Einigen lebensgefährlichen Krankheiten kann man mit einer Impfung vorbeugen.

Katzenseuche

(*Felines Parvovirus, Panleukopenie Parvovirose*)

Erreger:
Parvovirus

Übertragung:
Direkt über den Kontakt mit anderen kranken Katzen, aber auch indirekt über infizierte Gegenstände oder Kleidung.

Mögliche Symptome:
Apathie, Appetitlosigkeit, Fieber, Erbrechen, Durchfall, Austrocknung, Rückgang der weißen Blutkörperchen.

Behandlung:
Der Erfolg einer Therapie ist abhängig von der körperlichen Verfassung (Immunsystem, Alter etc.) des Tieres und dem Infektionsstadium. Die kranke Katze muss isoliert gehalten werden. Ohne Behandlung stirbt die Katze innerhalb kurzer Zeit.

Impfung: Grundimmunisierung etwa mit der achten bis neunten Lebenswoche, Wiederholungsimpfung im Alter von etwa drei Monaten. Ab dann reicht die jährliche Auffrischung (Booster).

Katzen-Aids (FIV)

Erreger:
Feline Immunschwäche Virus (FIV)

Übertragung:
Meist über Bisse infizierter Katzen. Kranke Muttertiere können das Virus während der Trächtigkeit auf ihre Jungen übertragen (eher selten). Keine Übertragung auf den Menschen möglich.

Mögliche Symptome:
Anschwellen der Lymphknoten, Rückgang der weißen Blutkörperchen, stumpfes Fell, Appetitlosigkeit, Gewichtsverlust, eventuell Zahnfleischentzündungen. Aufgrund des geschwächten Immunsystems leidet die Katze auffällig oft unter diversen Infektionskrankheiten.

Behandlung:
FIV ist nicht behandelbar, es können nur die Infektionen therapiert werden. Das geschwächte Tier erliegt schließlich seiner Krankheit. Das kann nach ein paar Monaten, aber auch erst nach einigen Jahren der Fall sein. Die infizierte Katze muss isoliert gehalten werden.

Impfung: Noch gibt es keine Impfung.

Katzen-Herpes (FHV, Rhinotracheitis)

Erreger:
Feline Herpes Virus (FHV)

Übertragung:
Direkt über Körperflüssigkeiten (Speichel, Nasensekret, Tränenflüssigkeit), aber auch indirekt über infizierte Gegenstände.

Mögliche Symptome:
Erkältungsbeschwerden wie Niesen, laufende Nase, Bindehaut- und Nasenentzündung, Gewichtsverlust, Infektion des Rachens. Aber: Nicht immer bricht die Krankheit aus und führt zu Beschwerden.

Behandlung:
Es werden in erste Linie die Symptome behandelt. Nach etwa zwei Wochen ist die Krankheit meist ausgeheilt. Lebensgefährlich ist die FHV fast nur für sehr junge oder geschwächte Katzen. Infizierte Tiere sollten isoliert gehalten werden.

Impfung:
Grundimmunisierung etwa mit der achten bis neunten Lebenswoche, Wiederholungsimpfung im Alter von etwa drei Monaten. Ab dann reicht die jährliche Auffrischung (Booster).

Katzenschnupfen

Erreger:
Da es mehrere Formen des Katzenschnupfens gibt, können auch verschiedene Erreger die Krankheit auslösen. In Frage kommen sowohl Bakterien als auch Viren und Chlamydien. Möglich ist auch eine kombinierte Infektion.

Übertragung:
Direkt über Körperflüssigkeiten (Speichel, Nasensekret, Tränenflüssigkeit), aber auch indirekt über infizierte Gegenstände.

Mögliche Symptome:
Niesen, Nasen- und Augenausfluss (häufig auch eitrig), Appetitlosigkeit, Apathie, Fieber, eventuell Haarausfall. Möglich sind ernste Folgeerkrankungen wie z. B. eine Lungenentzündung.

Behandlung:
Es können nur die Symptome behandelt werden. Für junge oder schwache Tiere kann der Katzenschnupfen lebensbedrohlich sein.
Infizierte Tiere sollten isoliert gehalten werden.

Impfung:
Grundimmunisierung etwa mit der achten bis neunten Lebenswoche, Wiederholungsimpfung im Alter von etwa drei Monaten. Ab dann reicht die jährliche Auffrischung (Booster).

Katzen-Leukämie (FeLV Leukose)

Erreger:
Felines Leukämie Virus

Übertragung:
Direkt über Körperflüssigkeiten (Speichel, Tränenflüssigkeit) sowie Kot und Urin, auch indirekt über infizierte Gegenstände.

Mögliche Symptome:
Appetitverlust, Gewichtsverlust, starker Durst, Durchfall, angeschwollene Lymphknoten, Blutarmut, Gelbsucht, Blut im Stuhl, Atembeschwerden, Ausbildung von bösartigen Tumoren. Häufig zeigen sich die ersten Beschwerden erst Monate oder sogar Jahre nach der Ansteckung. Infizierte Tiere sollten isoliert gehalten werden.

Behandlung:
Das tödliche Virus selbst kann nicht behandelt werden, sondern nur die Beschwerden.

Impfung:
Grundimmunisierung etwa mit der achten bis neunten Lebenswoche, Wiederholungsimpfung im Alter von etwa drei Monaten. Ab dann reicht die jährliche Auffrischung (Booster).

Tollwut (Rabies)

Erreger:
Tollwut-Virus, gehört zu den Rhabdoviren

Übertragung:
Direkt über infizierten Speichel, der über Verletzungen (Biss, Kratzer etc.) in die Haut eindringt.

Mögliche Symptome:
Gereiztheit, Nervosität, erhöhter Speichelfluss (Schaum vor dem Maul), ängstliches Verhalten, Lähmungserscheinungen, Tod.

Behandlung:
Die Tollwut ist verläuft immer tödlich. Das gilt auch für infizierte Menschen. Eine Überlebenschance ist nur gegeben, wenn der Patient innerhalb einer Woche mit einem Tollwut-Impfstoff behandelt wird. Weitere fünf Impfungen im mehrtägigen Abstand sind notwendig. Infizierte Tiere dürfen nicht behandelt werden, sondern müssen unverzüglich getötet werden.

Impfung:
Grundimmunisierung etwa mit der achten bis neunten Lebenswoche, Wiederholungsimpfung im Alter von etwa drei Monaten. Ab dann reicht die jährliche Auffrischung (Booster).

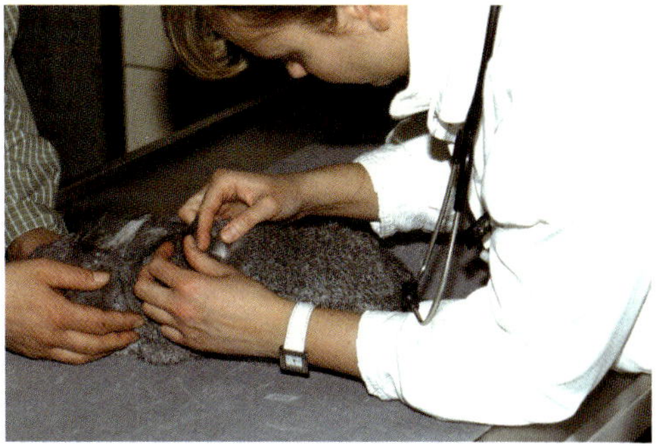

Toxoplasmose

Erreger:
Parasit mit dem Namen *Toxoplasma gondii*, er benutzt die Katze als Endwirt.

Übertragung:
Fressen von infizierten Nagern, Vögeln oder rohem Futterfleisch. Kann auf den Menschen über Katzenkot übertragen werden. Häufigster Infektionsherd ist aber nicht die Katze, sondern verseuchte Nahrung (z. B. rohes Fleisch).

Mögliche Symptome:
Die meisten Katzen entwickeln keine Symptome. Bei jüngeren Tieren kann es unter Umständen zu Beschwerden kommen wie Appetitlosigkeit, Fieber, Husten, Atemnot, Gelbsucht, Durchfall, angeschwollene Lymphknoten, Lichtempfindlichkeit, Augen-, Muskel- und Gehirnhautentzündung. Infizierte Menschen bilden in der Regel auch keine auffälligen Symptome aus.

Ausnahme - Achtung!
Bei der Infektion einer Schwangeren kann es zu Fehl- oder Frühgeburten sowie Missbildungen des Fötus kommen. Toxoplasmoseschäden können auch noch nach der Geburt auftreten.

Behandlung: Bei Mensch und Tier mit Antibiotika.

Parasiten

Achten Sie auf Ektoparasiten, dies sind Parasiten, die auf und von dem Tier leben. Das können Flöhe, Läuse, Milben oder Haarlinge sein. Diese Schädlinge sollten bekämpft werden. Starker Flohbefall kann Ihr Tier schwächen.

Ein Befall mit Läusen, Milben, Haarlingen oder Flöhen zeigt sich in heftigem und anhaltendem Juckreiz. Das Fell wird glanzlos, struppig, und es kann zu Haarausfall kommen. Die Katze ist unruhig und kratzt sich teilweise so sehr, dass sich Hautstellen entzünden und schlimmstenfalls eitern. Behandelt wird eine parasitäre Erkrankung mit einem Insektizid. Dabei ist es wichtig, den Anordnungen des Arztes Folge zu leisten, da diese Präparate giftig sind und auch nur äußerlich angewandt werden dürfen.

Wenn Ihre Katze ein Freigänger ist, müssen Sie sie in der warmen Jahreszeit zusätzlich auf Zecken untersuchen. Diese lassen sich mit im Handel erhältlichen Zeckenzangen leicht entfernen. Bitte ziehen und reißen Sie nicht an den Zecken und verzichten Sie auf Hausmittelchen. Das führt meist zu unangenehmen Entzündungen.

Finden Sie Würmer im Kot oder Ihre Katze rutscht auf dem Hinterteil (Juckreiz am After), ist es ratsam den Tierarzt aufzusuchen. Dieser stellt fest, unter welcher Wurmart (Bandwürmer, Spulwürmer, Hakenwürmer, Herzwürmer) Ihr Kätzchen leidet und wird es entsprechend behandeln. Um den Wurmbefall vorzubeugen, sollten Sie Ihre Katze regelmäßig einer Wurmkur unterziehen.

Der endgültige Abschied

Der Tod gehört zum Leben, und irgendwann trifft es auch unsere Katze. Aber leider ist nicht jedem Tier ein friedlicher Tod vergönnt. Schwere Verletzungen oder eine unheilbare Krankheit können dem Haustier große Qualen bereiten. Dann sollten Sie Ihren Liebling von seinem Leid erlösen und einschläfern lassen.

» **Wer sein Leben mit Tieren teilen und bereichern will - und zwar sein ganzes Leben lang - der wird also wohl oder übel mehrmals schmerzlich Abschied nehmen müssen von einem geliebten vierbeinigen Familienmitglied.**

Ihre tote Katze können Sie im Garten beerdigen. Voraussetzung ist, dass das Tier mindestens mit einer 50 cm dicken Erdschicht bedeckt ist, und dass es nicht auf öffentlichen Plätzen, Anlagen oder in einem Wasserschutzgebiet vergraben wird. Besonders Kindern ist es ein Trost, wenn sie mit einer Beerdigung Abschied von Ihrer geliebter Samtpfote nehmen können. Sie können die Katze auch dem Tierarzt überlassen. Er wird sie sanft einschläfern und der Tierbeseitigungsanstalt übergeben, wo sie verbrannt wird.

Bildnachweis

Isabelle Francais: U2 rechts mitte, 2, 3, 8, 11, 13, 19, 22, 23, 24, 25, 26, 31, 32, 33, 34, 35, 36, 37, 38, 39 oben, 40, 41, 43, 45, 48, 56, 58, 59, 60.
Bettina Banduhn: U2 (rechts oben, rechts), 10, 13, 16, 17, 18, 33 oben 2x, 50, 52, 53.
Christine Steimer: Titelbild, Cover hinten (mitte und rechts), U2 (mitte, mitte links, links unten), 4, 14, 20, 46.
Bernd Brinkmann: 5, 6, 9, 12, 17, 19, 29, 30, 63 rechts oben, 64.
Alice van Kempen: U2 (links oben), Cover hinten links.
Nicole Heitbrink: 49, 54.
Thomas Flügel: 28, 31.
Schanz: Titel klein unten, 51, 61.